Paul Weismantel
Wie gut, dass es dich gibt
Ein Dankeschön

Wie gut, dass es dich gibt! Wem das gesagt wird, der ist ein glücklicher Mensch. Wer das von sich und anderen denkt, weiß zu schätzen, was einem im Leben alles geschenkt wird.

»Wie gut, dass es dich gibt!« Das sagen Liebende oft zueinander. Das sagen manche Menschen viel zu selten. Das kann einem gar nicht oft genug gesagt werden. Wer sich diese Zusage zu Herzen gehen lässt, spürt auch, welche Kraft in ihr steckt, wie wohltuend und heilsam dieses Wort im Innersten wirkt.

»Wie gut, dass es dich gibt!« Wer wünscht sich nicht, dieses Wort von Zeit zu Zeit zu hören? Es drückt aus, wonach wir Menschen uns sehnen, was wir uns wünschen, was wir brauchen, um wahrhaft leben zu können. Die folgenden Zeilen wollen es durchbuchstabieren und weitersagen, sie wollen es beleben und weiterschenken. Sie wollen damit ein erfrischendes und kräftiges »Dankeschön« überreichen und zum Ausdruck bringen, wie sehr diejenigen geschätzt werden, denen es gilt. Wer »Danke« und »schön« sagen kann, übt sich in der Kunst eines achtsamen und aufmerksamen Lebensstils. Ein solcher Mensch bereitet anderen und sich den Weg zum Staunen und zur tiefen Freude. Dadurch werden andere daran erinnert, wie kostbar das Leben ist, auch wenn es nicht immer nur schön sein kann, auch wenn man sich nicht pausenlos daran freuen kann. Manchmal hören und erfahren es die Menschen am wenigsten, denen es am meisten gebührt: diejenigen in unseren Gemeinden und Gruppen, die nicht immer im Licht der Öffentlichkeit stehen, die vieles im Hintergrund und im Verborgenen tun, ohne großes

Aufsehen, unspektakulär. Sie sind es, die selbstverständlich mitsorgen, vorbereiten und aufräumen, die schon da sind, wenn andere noch auf sich warten lassen, und noch da bleiben, wenn andere längst schon gegangen sind.

Wie oft geschieht schon dadurch viel Gutes, dass jemand einfach da ist, ohne eine besondere Aktion zu starten. Dasein für jemanden, der gerade einen Menschen braucht, der ihm zuhört, der ihn annimmt und so sein lässt, wie er ist. Wir können einem anderen Menschen sein Glück oder seine Last, seine Lust oder seinen Frust nicht abnehmen, sondern vielmehr achtsam, wachsam und aufmerksam wahrnehmen, was ist und wie es ist. Wer sieht es schon, wer bemerkt es schon?

»Weißt du, wie viel Sternlein stehen?« So singen wir im Kinderlied. Ich möchte diese Frage umdichten und all denen widmen, die so ein Stern am mitunter nächtlichen Himmel des Lebens für andere sind. Wie oft ist mir selbst wieder ein neues Licht aufgegangen, wo vorher alles nur noch Grau in Grau war? Wie oft habe ich selbst erfahren, wie gut es tut, wenn jemand liebevoll an mich denkt? Wie oft hat mir ein wohlwollender Blick weitergeholfen, wo ich gemeint habe, es sei alles umsonst.

Der den Himmel und die Erde, die Sterne und die Menschen erschuf, er weiß um die Vielzahl der Gestirne in Menschengestalt. Er zählt sie nicht nur, sondern er kennt sie persönlich mit Namen. Er freut sich an ihnen und an der Leuchtkraft und positiven Ausstrahlung, die von ihnen ausgeht. Er weiß um die heilende und aufbauende Atmosphäre, die sie verbreiten.

Ehrenamtliche ... gehören mit ihrem Engagement zu einem großen unsichtbaren Netz von Menschen guten Willens, ohne die in unserer Gesellschaft, in unserer Kirche viele Dienste überhaupt nicht mehr möglich wären.

... bringen sich mit ihren jeweiligen Fähigkeiten ein. Für die Mitarbeit in der Gemeinde braucht es viele Menschen: laute und leise, spontane und nachdenkliche, tröstende und kämpfende. Alle Gaben sind wichtig.

... müssen nicht alles »perfekt« machen. Manches kann man getrost in Gottes Hände zurücklegen, weil es mehr als menschliches Tun und Können braucht.

... müssen nicht Vollgas geben, bis sie ausgebrannt sind. Wer mit seinen Kräften haushält, tut Gutes für sich und seine Mitmenschen.

... sind Menschen, die viel Zeit investieren in ihre Aus- und Fortbildung, um ihren Dienst qualifiziert ausüben zu können.

... sind immer auch Beschenkte. Ehrenamtliche erleben, dass sie geben und nehmen, dass sie Freude und Dankbarkeit zurückbekommen und dass sie in der Begegnung mit anderen Erfahrungen machen, die den Horizont weiten.

Die Frage nach dem Ehrenamt

Wie klingt dieses Wort in vielen Ohren? Hat es eher einen bitteren Beigeschmack, wirkt es eher verstaubt und vorgestrig?

Ehrenamt ... was heißt das für das Selbstverständnis und Selbstbewusstsein derer, die es ausüben? Können wir noch sagen, was uns eine Ehre ist? Wird nicht vielfach das, was Ehre meint, ins Gegenteil verkehrt, so dass viele Ehrenamtliche eher den Eindruck haben, ausgenutzt zu werden?

Ehrenamt ... meint das nicht zuerst, es ist mir eine Ehre, wenn ich mich einbringen kann für andere, für eine gute Sache, für ein wichtiges Werk, um der Menschen und um Gottes willen?

Ehre und Amt ... weil die Ehre Gottes, um die es uns zuerst gehen soll, der lebendige Mensch ist; und weil seit der Menschwerdung Gottes und seinem Vor-uns-auf-den-Knien-Rutschen damals im Abendmahlsaal der Dienst am Menschen und der Dienst vor Gott nicht mehr gegeneinander ausgespielt werden dürfen.

Ehre und Amt ... da kommen hin und wieder auch die unterschiedlichsten Spielarten der Macht und des Machtanspruchs zum Vorschein oder bleiben verdeckt und versteckt, aber nicht weniger wirksam. Da droht auch die Gefahr der Wichtigtuerei und des Bevormundens und Beherrschens anderer.

Ehre und Amt ... wollen eine beglückende und glückliche, eine bereichernde und hilfreiche Verbindung sein: wenn es mir eine Ehre ist, für andere da zu sein; wenn mein Ehrenwort gilt; wenn mein Ehrenamt ein Beitrag ist, der dem Leben der Menschen dient, ob sie jung und stark oder müde und schwach sind, ob sie hoch angesehen sind oder eher einen schlechten Ruf haben, ob sie mitten im Leben stehen oder eher am Rande oder gar ausgegrenzt.

Keiner blickt dir hinter das Gesicht
(Fassung für Kleinmütige)

Niemand weiß, wie reich du bist ...
Freilich mein ich keine Wertpapiere,
keine Villen, Autos und Klaviere,
und was sonst sehr teuer ist,
wenn ich hier vom Reichtum referiere.

Nicht den Reichtum, den man sieht
und versteuert, will ich jetzt empfehlen.
Es gibt Werte, die kann keiner zählen,
selbst, wenn er die Wurzel zieht.
Und kein Dieb kann diesen Reichtum stehlen.

Die Geduld ist so ein Schatz,
oder der Humor, und auch die Güte,
und das ganze übrige Gemüte.
Denn im Herzen ist viel Platz.
Und es ist wie eine Wundertüte.

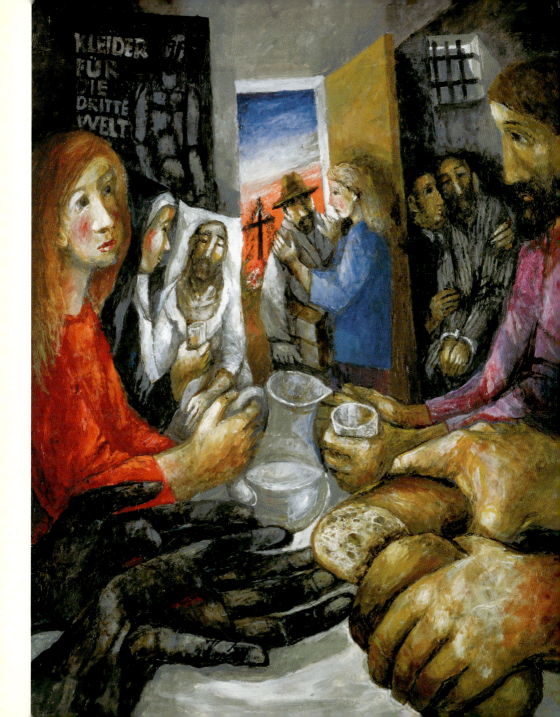

Arm ist nur, wer ganz vergißt,
welchen Reichtum das Gefühl verspricht.
Keiner blickt dir hinter das Gesicht.
Keiner weiß, wie reich du bist...
(Und du weißt es manchmal selber nicht.)
ERICH KÄSTNER

Ach, du liebes Ehrenamt! Wie mag dir oft im Innersten zumute sein? Wenn es in Gremien und Räten endlose Debatten und Diskussionen gibt und man sich in vielen Fragen nicht einigen kann. Wenn es ungeheuer anstrengend ist, einander aufmerksam zuzuhören, einander ausreden zu lassen, einander nicht ins Wort zu fallen oder die Worte im Mund zu verdrehen. Wenn Entscheidungen getroffen werden müssen, ohne dass alle dahinter stehen können. Wenn die Beteiligten den Eindruck haben, hier geht es immer nur um andere, um irgendwelche Angelegenheiten, aber gar nie um mich.

Was mag dir am Herzen liegen, du gute Erfindung? Wenn es so schwierig ist, dich richtig einzuschätzen und zu verstehen? Wenn so getan wird als seiest du das totale Auslaufmodell, nur weil sich vieles an dir verändert und wandelt.

Was magst du denken, wenn du all das hörst, wie du hochgejubelt oder schlecht geredet wirst, wenn man dich lächerlich macht, dich deiner Verantwortung beraubt, wenn dein Ruf ruiniert wird, wenn

du schön geredet wirst, ohne zu berücksichtigen, welche Neben-
wirkungen du oft mit dir bringst?

Ehrenwert und Ehrensache – das klingt so selbstverständlich, wie es
andererseits überhaupt nicht ist. Ehrungen werden manchmal als
komisch empfunden, wenn Orden verliehen werden und einem dabei
Menschen einfallen, die ihn viel eher verdient hätten.

Ehrenamt, du bist der Rede wert, weil ohne dich vieles in unserem
Land, auf der Welt und in unserer Kirche viel schlechter aussähe. Was
wären wir ohne dich? Wo kämen wir hin ohne dich?

Liebeserklärung Darum soll dies eine Liebeserklärung an
das Ehrenamt sein und all jene, die es inne haben und ausüben.
Du bist der aufmerksame Blick, das wache Auge, das Finger-
spitzengefühl, das an all jene denkt, die so leicht übersehen
und übergangen werden. Du bist mit Geld nicht zu bezahlen, weil
du dich auch dort engagierst, wo es keine finanzielle Unterstützung
gibt. Du tust vieles, was für andere kostbar und wertvoll ist, ohne
eine Rechnung dafür zu schreiben.

Du bist die Triebfeder und der Ansporn für viele gute Werke, du bist
die gute Seele, über die manchmal gelächelt wird. Du bist auch die
kritische Zwischenfrage und der O-Ton des Querdenkens, wo es notwendig ist. Du bist die freiwillige Feuerwehr, der Liederkranz, die
Sportgruppe, der Helferkreis, der Familienkreis, der Bibel- und
Gebetskreis, der Kreis der wachen und engagierten Christinnen und
Christen.

Du bist viel besser als dein Ruf. Du wirst oft genug in Verruf gebracht, wenn andere es besser wissen und auf dich mit dem Finger zeigen, weil man sich an dir nur die Finger schmutzig macht oder Ärger einhandelt. Du wirkst manchmal wie das schüchterne Hausmädchen, wie die lebenserfahrene kluge Frau, wie der gereifte und gelassene Greis, wie der aktive junge Mensch.

Du hast viele Namen und Gesichter. Man sieht dich da und dort, unterwegs bei den Menschen, auf dem Weg zu denen, die sonst keinen Besuch mehr bekommen; als Anwalt derer, die nicht für sich selbst sprechen können; als Hilfestellung für diejenigen, die sich selbst nicht mehr helfen können.

Du bist manchmal wie ein guter Engel, unbemerkt und doch so nah, unaufdringlich und doch hilfreich, lautlos und doch achtsam. Auf leisen Sohlen kommst du daher und bist auch schnell wieder verschwunden.

Du machst vieles möglich, was es ohne dich nicht gäbe. Du belässt es nicht bei tollen Ideen und guten Vorschlägen oder altklugen Ratschlägen, sondern du packst an, wo es notwendig ist und linderst und wendest damit manche verborgene oder weit bekannte Not. Du denkst mit dem Herzen und fühlst mit dem Verstand. Du gehst und stehst und handelst, wo jedes Wort zu viel ist. Doch du ergreifst auch das Wort, wo trotziges und frostiges Schweigen andere mundtot gemacht hat.

Du gern gesehener Gast, du Spülfrau, du Organist, du Vorsitzende im Sachausschuss, du Vorbeter und du Mitdenkerin, du, die einfach da ist, wenn sie gebraucht wird. Du, der die Kirche schmückt, die

Wallfahrt plant, den Familiengottesdienst mitvorbereitet und mitgestaltet. Du Mitarbeiter im Pfarrbriefteam oder im Seniorenkreis, du Mitarbeiterin im Arbeitskreis »Eine Welt«, in der Ministrantenarbeit oder im Club der Nachdenklichen, du gestandene Frau in der Gruppe für Alleinerziehende oder Alleinstehende, du Mann oder Frau in der Selbsthilfegruppe für Angehörige von psychisch Kranken oder Trauernden. Du Mitarbeiterin im Besuchsdienst, Du Sänger im Kirchenchor

Ihr habt schon oft persönliche Interessen und eigene Vorlieben zurückgestellt, um mitzuhelfen, weil es sonst zu wenige gewesen wären.

Wenn einem etwas eine Ehre ist …

dann tut man es in der Regel gerne,
dann freut man sich daran,
dann findet man Zeit dafür,
dann bedeutet es einem etwas,
dann ist es einem etwas wert,
dann hat es einen hohen Stellenwert,
dann nimmt man dafür auch manches in Kauf,
dann lässt man sich davon nicht so schnell abbringen,
dann investiert man einiges an Zeit und Kraft und Herzblut,
dann wird darin vieles möglich, was man vorher für undenkbar gehalten hätte,

dann geht man darin auf und setzt sich ein,

dann setzt man sich aus und wird angreifbar und verwundbar,

dann folgt man den Spuren Jesu, dessen Ehre es war, den Willen
Gottes zu tun und den Menschen zu dienen.

Wenn einem etwas eine Ehre ist,

dann fühlt man sich selbst geehrt,

auch wenn das mit Arbeit verbunden ist,

auch wenn es Widerstände und Hindernisse zu überwinden gilt,

auch wenn einem Steine in den Weg gelegt werden,

auch wenn einem mancher Undank widerfährt,

auch wenn es einem auf die Nerven geht und Ärger nicht ausbleibt,

auch wenn einen andere dafür müde belächeln

oder die Mundwinkel verziehen,

dann folgt man dabei den Spuren Jesu,

der den Weg der Passion gegangen ist,

der Leidenschaft, die auch bereit ist,

Leiden anzunehmen und zu ertragen.

Wenn einem etwas eine Ehre ist,

dann kehrt die geschenkte Freude ins eigene Herz zurück,

dann vermehrt sich das, was man teilt und schenkt,

dann geschehen Wunder der Wandlung in einem selbst und in
anderen,

dann kann man sich überraschen lassen

und wird nicht blind vor Übereifer,

dann staunt man über die guten Vorschläge
und Aktionen anderer,
dann wird das Herz frei und gelöst
von aller Verkrampfung und Verbitterung,
dann wird man frei von der Angst, im Leben zu kurz zu kommen,
dann kann man Jesus besser verstehen, der sagt,
wer sein Leben verliert, wird es gewinnen,
wer es krampfhaft festhält, wird es verlieren.

Werktägliche Danklitanei für Ehrenamtliche

Für Begeisterung und blühende Phantasie
im Umgang mit Kindern und Jugendlichen.
Für geschenkte Zeit und Kraft
mit Alten und Gebrechlichen.
Für offene Ohren und hörende Herzen
im Umgang mit Klagenden und Trauernden.
Für hilfsbereite Hände und freundliche Blicke
gegenüber Unbeholfenen und Schüchternen.
Für gute Worte und kleine Geschenke
bei Sprachlosen und Mutlosen.
Für die Engelsgeduld und die Sanftmut
mit Unbeherrschten und Aufgebrachten.
Für Trost und Unterstützung
gegenüber Kranken und pflegenden Angehörigen.

Für Nähe und gute Begleitung
von Schwierigen und Enttäuschten.
Für rechtzeitigen Rückzug und ein klares Nein
gegen die schleichende Gefahr der Vereinnahmung.

Segenswünsche

Möge Gott dir den Mut schenken,
den man braucht für den ersten Schritt,
um auf verschlossene Menschen zuzugehen!

Möge seine zärtliche Kraft durch dich jene berühren,
die dir begegnen und von ihrem Leben erzählen,
die sich freuen über dein offenes Ohr.

Möge ein guter Rat über deine Lippen kommen,
auch wenn du oft nicht weißt, was du sagen sollst,
der einem Traurigen ein neues Licht aufgehen lässt.

Möge das aufatmende Wehen der Liebe
dich beflügeln und dir neue Kraft schenken,
wenn eigene und fremde Lasten dich bedrücken.

Möge der treue Gott dir den Rücken stärken,
wenn andere dir in den Rücken gefallen sind
oder Kummer und Sorgen dich beugen.

Möge der Glanz der aufgehenden Sonne
sich auf deinem Gesicht spiegeln,
wenn so manche Schatten deinen Blick trüben.

Möge ein Engel der Stärke hinter dir stehen,
wenn du Nein sagen musst, um dich abzugrenzen
und gut für dich selbst zu sorgen.

Möge der Engel der Langmut dich unterstützen,
wenn dich deine Aufgaben fordern
bis an die Grenzen deiner Belastbarkeit.

Möge der Engel des Humors dir Schwung geben
und dir zeigen, wie manches spielerisch leichter geht,
ohne den Ernst einer Sache zu verraten.

Möge der Engel der Musik dich beflügeln,
wenn du verstimmt bist und vergessen hast,
manchmal ganz einfach auf alles zu pfeifen.